MÉMOIRE

ET

PLAN

Relatifs à l'organisation d'une Ecole nationale des Beaux-arts qui ont le Dessin pour base.

PAR UNE SOCIÉTÉ D'ARTISTES.

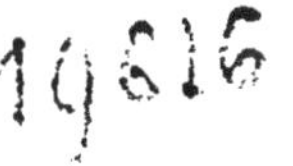

MEMOIRE

et

PLAN

A L'ASSEMBLÉE NATIONALE.

Messieurs,

Les artistes, qui sentent si vivement le prix de la liberté dont ils jouissent comme citoyens, se rappellent avec douleur que comme artistes, ils sont encore esclaves du pouvoir ministériel, & resserrés de toutes parts dans le cercle étroit du régime académique; régime absurde & tyrannique, qui, réunissant tous les pouvoirs dans les mains d'un petit nombre d'artistes, les a rendus les arbitres du sort & de la réputation de tous ceux de leurs concitoyens qui, comme eux, courent la carriere épineuse des arts.

Mais tout abus a son terme; & l'Assemblée nationale, convaincue de l'influence des arts sur presque toutes les branches du commerce & de l'industrie, va s'occuper incessamment de leur régénération. La société des artistes observe que quels que soient les plans présentés au comité de constitution par les sections académiques, ils ne peuvent être regardés que comme les vœux particuliers des artistes privilégiés, qui cherchent à conserver leur prépondérance & leurs priviléges, plutôt qu'à favoriser le développement du génie des arts; que nul homme ne peut être soumis à une loi à la-

confection de laquelle il n'a point participé, soit personnellement, soit par repréſentans ; que tous ceux qui cultivent les beaux-arts, ſont bien repréſentés à l'Aſſemblée nationale comme citoyens, mais non comme artiſtes ; que les légiſlateurs ne peuvent rendre aucun décret ſur l'organiſation des arts, que préalablement ils n'aient pris connoiſſance des vœux & des réclamations de tous les artiſtes, ſans ſe mettre en contradiction avec les droits de l'homme, & ſans porter atteinte à la liberté individuelle de tous ceux des citoyens qui cultivent les beaux-arts qui ont le deſſin pour baſe. La ſociété des artiſtes demande, que les repréſentans de la nation prennent en conſidération les raiſons ſur leſquelles elle appuie ſa réclamation, & qu'ils examinent le mémoire & le plan ci-joints, dans lequel ils démontrent l'utilité des arts, le mode d'exiſtence qui convient aux artiſtes dans un état libre, la néceſſité de l'égalité entre les artiſtes, la protection que la nation doit accorder aux arts, les moyens d'étude les plus propres à les faire fleurir, la police qui leur eſt propre, la propriété des artiſtes, les moyens de la leur conſerver, & enfin, un plan d'organiſation propre à porter les arts au plus haut point de perfection où ils puiſſent atteindre, & à mettre les artiſtes au niveau de la révolution.

SECTION PREMIERE.

Définition des beaux-arts qui ont le deſſin pour baſe.

Les beaux-arts qui ont le deſſin pour baſe, ſont des langues univerſelles qui parlent à tous les yeux & dans tous les temps ; toutes les autres manieres de peindre la penſée, ne ſont que des ſignes conventionnels, qui ne peuvent qu'imparfaitement suppléer ces langues ; car elles parlent à l'âme en frappant les yeux, & leur préſentent l'image des choſes, lorſque l'éloquence & la poéſie même ne leur en préſentent que les ſignes.

Fille de la lumiere comme elles, la peinture anime les objets les plus matériels ; elle fait reſpirer la toile, & par la vérité des expreſſions, le charme des couleurs & la magie des ombres, produit les illuſions les plus frappantes : l'œil eſt trompé, ce n'eſt plus un tableau, c'eſt une ſcene dont les héros font paſſer dans l'âme du ſpectateur les différentes paſſions qui les agitent, en lui inſpirant l'horreur du vice & l'amour de la vertu.

La ſculpture anime les rochers, les métaux, & leur imprime tour-à-tour les formes & les graces de Vénus, la force & la majeſté de Ju-piter : ſemblable au verre lenticulaire, la ſculp-ture réuniſſant les rayons épars, n'en fait qu'un, qui frappe d'autant plus vivement, qu'il a autant d'éclat que tous les autres enſemble.

L'architecture parle à l'âme avec autant d'é-nergie, lorſqu'elle donne à chaque monument le caractère qui lui eſt propre. A l'aſpect d'un temple, on ſe ſent pénétré de vénération & de reſpect ; on frémit d'horreur en franchiſſant le ſeuil d'une priſon ; dans le palais de Thémis, l'innocence eſt tranquille, le crime y trouve le remords.

La gravure traduit le langage de la peinture, de la ſculpture & de l'architecture, en lui con-

servant toute son énergie, & parvient même
à donner une idée de la couleur.

Mais les artistes, forcés par la nécessité de
ployer ces principes au goût de riches igno-
rans, ont perdu de vue le but essentiel des
beaux-arts, qui est de parler à l'ame : ils se
sont restraints à plaire aux yeux seulement,
& leurs ouvrages n'ont plus de caractere ; ils
se sont dégradés jusqu'à flatter l'orgueil, l'am-
bition & la turpitude des grands ; ils infectoient
même de leurs ouvrages obscènes, les palais,
les maisons particulieres, les jardins & places
publiques. Mais le génie des arts avili & souillé
par le despotisme, va se purifier sous le régime de la liberté.

SECTION DEUXIEME.

De l'utilité des beaux-arts.

Sans les beaux-arts, les hommes vivroient
dans la plus profonde ignorance, & les siècles
passés seroient perdus pour eux. Combien de
générations se sont successivement écoulées, sans
qu'il en soit resté aucun vestige !
Sans les beaux-arts, l'homme borné à sa
seule expérience, n'auroit d'autre avantage sur
les animaux que de vivre un peu plus long-temps
que la plupart d'entre eux. Sans les arts, les facultés
de l'homme resteroient ensevelies sous la croûte
de l'ignorance, & seroient semblables au diamant
qui n'a point encore été brillanté par le lapidaire
industrieux : tout l'univers atteste cette vérité. Ou-
vrons les fastes du monde, & voyons quels sont les
peuples qui se sont le plus distingués. Sont-ce
ces peuples avides de carnage, qui, en s'ex-

terminant, fembloient preffés de céder leurs places à d'autres pour qu'ils s'exterminaffent à leur tour? Non, fans doute; car, nous ignorerions jufquà leur exiftence même, fi l'art de peindre la penfée n'eût reffufcité pour ainfi dire ces peuples enfevelis dans la nuit des temps, & ne les eût fait paffer fous nos yeux, pour nous apprendre à éviter les maux qui font inféparables de l'état d'ignorance.

Les arts font les bienfaiteurs de l'univers ; ils fécondent la terre qu'ils vivifient ; ils illuftrent l'homme qu'ils éclairent, & c'eft par eux que les Grecs & les Romains font devenus les premiers de tous les peuples. Sans les reftes de leurs précieux écrits & les veftiges de leurs fuperbes monumens, leurs vertus & leur puiffance feroient entièrement ignorées.

SECTION TROISIEME.

De l'exiftence des Artiftes dans un état librre.

Les artiftes, comme citoyens, doivent être foumis au régime général. Comme artiftes, ils ne peuvent ni ne doivent être foumis à aucun régime particulier, mais jouir de toute la plénitude de la liberté, fans laquelle il n'eft point de génie

Toute prépondérance individuelle dans les arts eft contraire au génie qui, pour fe développer, veut être libre, & qui ne doit être circonfcrit que par la nature des chofes. Les artiftes privilégiés prétendent qu'il eft effentiel pour le bien des arts qu'il y ait une ligne de démarcation entre eux. Ils ignorent ou feignent d'ignorer que la feule ligne de démarcation qui puisse exister entre les artistes, est celle des talens (1), laquelle se trace bien mieux dans une exposition générale, que par des distinctions personnelles.

D'ailleurs, toute classe privilégiée est un corps ; or, tout corps, quelque parfaite que puisse être son organisation, a toujours un intérêt particulier vers lequel il tend sans cesse, & que chacun de ses membres préfère à l'intérêt général ; d'où il suit qu'une classe privilégiée, au milieu des artistes, seroit contraire aux droits de l'homme, à la constitution, aux progrès des arts & à la liberté des artistes ; car dès qu'il existe une classe sensée composée des plus habiles artistes du royaume, ceux qui ne sont point de cette classe, sont tous, sans exception, regardés comme des artistes médiocres. Ainsi, à moins que de renoncer à tous projets de fortune, l'artiste se trouve forcé de chercher à devenir membre de la classe privilégiée ; donc il n'est plus libre. Un autre inconvénient, c'est que l'artiste est obligé le plus souvent de chercher à faire dans le goût de ceux qui composent la classe privilégiée, pour se les rendre favorables, puisqu'ils sont les arbitres du sort & de la réputation de tous ceux de leurs concitoyens qui cultivent les arts. Et comment jugent-ils, ces privilégiés ? Par la voie du scrutin, qui, de toutes les manieres de juger, est la plus défectueuse ; car on y compte les voix, lorsqu'il faudroit peser les motifs. De tout ce qui vient d'être dit, il faut conclure que la plus par-

----

(1) Article 6 de la déclaration des droits.

faite égalité doit régner entre les artistes, & qu'une exposition générale peut seule les mettre à leur véritable place dans l'opinion publique.

SECTION QUATRIEME.

De la protection que la Nation doit accorder aux sciences & aux arts.

La nation étant la mère commune de tous les individus qui la composent, doit leur procurer à tous, les moyens d'instruction les plus propres à leur faire acquérir les vertus & les talens nécessaires pour jouir de toute la plénitude de leurs droits. Ils doivent donc recevoir la même éducation d'un bout du royaume à l'autre : ce qui ne peut exister que par l'établissement d'écoles publiques, où tous les jeunes citoyens recevroient la même éducation, & deviendroient pour ainsi dire autant de types de la constitution, seul moyen de la rendre solide. C'est par l'éducation, que Lycurgue fit parvenir les Lacédémoniens à ce haut degré de vertus qui fait encore l'admiration de tous les peuples civilisés. Il est donc essentiellement nécessaire que tous les jeunes citoyens aient des notions de toutes les connoissances humaines, afin qu'en sortant des écoles publiques, ils soient assez instruits pour choisir entre tels arts, telles sciences ou tels métiers qui leur paroîtroient les plus conformes à leur génie. Il y auroit en outre des écoles nationales de tous les arts, de toutes les sciences, dans lesquelles les jeunes citoyens qui s'y destineroient trouveroient tous les moyens d'étude nécessaires, pour les porter au plus haut point de perfection où ils puiffent atteindre. On joindroit à ces écoles un muféum, dans lequel on réuniroit tous les tableaux des grands maîtres des différentes écoles, les ftatues anciennes & modernes qu'on pourroit y raffembler ; & l'inftruction de ces écoles commenceroit au point où finiroit celle des écoles d'éducation publique, relativement aux fciences & aux arts.

SECTION CINQUIEME.
Inftruction.

Les artiftes privilégiés demandent une école publique, mais ils prétendent que des diftinctions perfonnelles font utiles aux progrès des arts. La fociété des artiftes a démontré à la feſtion quatrieme, que toute prépondérance individuelle eft contraire à la liberté & aux progrès des arts. Beaucoup d'artiftes non privilégiés regardent les écoles publiques comme nuifibles au génie, qu'elles forcent, pour ainfi dire, à fe modeler fur le goût académique ; & ils concluent qu'un muféum dans lequel on réuniroit tous les beaux tableaux des différentes écoles, & toutes les ftatues anciennes & modernes que poffede la France, joint à l'nftruction particulière que recevroient les jeunes artiftes chez les maîtres qu'ils fe feroient choifis, feroit d'autant plus propre à faire fleurir les arts, qu'il s'établiroit différens goûts & une rivalité d'écoles qui tourneroient à leur avantage. Ils font dans l'erreur ; car fi les écoles publiques mal organifées peuvent influer fur le génie, jufqu'à le dénaturer, il en réfulte que bien organifées, non-feulement elles favoriferoient fon développement, mais porteroient même au grand celui qui , sans l'instruction, n'eût été que mesquin. RAPHAEL en est un exemple : tant qu'il ne connut que la maniere de Pérugin , son maître, il ne fut qu'imitateur servile & mesquin de la nature ; il ne devint grand peintre qu'après avoir vu les ouvrages de MICHEL ANGE, lesquels le frapperent d'autant plus vivement , que le sentiment du grand y est exagéré. D'ailleurs l'instruction actuelle n'est nuisible aux arts que parce qu'elle est arbitraire & sans principes, & que chaque professeur ayant une méthode particulière , les jeunes artistes sont dans la position d'un voyageur qui, ne connoissant point la route qu'il doit tenir pour parvenir au terme de son voyage , demande qu'on la lui indique; mais comme tous ceux auxquels il s'adresse lui enseignent un chemin différent , il marche au hasard, & finit le plus souvent par s'égarer.

L'instruction particulière est encore plus défectueuse , car chaque maître donne à ses éleves, son opinion pour principes , ses ouvrages pour modèles, & sa méthode pour moyens , sans leur procurer aucun des avantages qu'ils trouvent dans une école publique.

Quant au goût d'écoles qu'on remarque dans tous les ouvrages des différens artistes , il ne vient point de l'instruction , mais de ce que dès les premiers pas que l'on fait dans la carrière des arts ; on cherche à faire au goût des artistes qui ont le droit exclusif de juger, pour se les rendre favorables; & c'est effectivement le plus sûr moyen d'y parvenir. Ainsi , depuis le plus petit concours jusqu'au plus grand , telle est la marche qu'il faut prendre, sous peine de ne rien obtenir; nouvelle preuve de l'influence des priviléges & de la néceffité de les abolir. L'affociété obferve en outre, qu'un muféum feul ne feroit qu'exciter à l'imitation , & non à l'originalité ; mais qu'ajouté à une école publique des arts qui ont l'imitation de la nature pour but , & le deffin pour bafe , dans laquelle les jeunes artiftes trouveroient tous les moyens d'études nécef-saires aux arts , & des profeffeurs qui leur en développeroient les principes, & leur ap-prendroient à en faire l'application à tous les cas particuliers ; qui leur montreroient le but où ils tendent, & le plus court chemin pour y parvenir ; qui piqueroient leur amour-pro-pre de maniere à lui donner toute l'activité dont il eft fufceptible , & , diftribuant à pro-pos la louange & la critique , fuivant la trempe des différens efprits , les dirigeoient fans qu'ils s'en apperçuffent ; qui apprendroient fur-tout aux jeunes artiftes à fe conduire eux-mêmes dans la carrière qu'ils auroient embraffée , en les ac-coutumant de bonne heure à faifir les rapports & les différences , enfin à placer chaque chofe dans le lieu le plus propre à faire valoir le tout, à ne rien mettre que ce qu'il faut & où il le faut ; à ne point faire joli ce qui doit être beau , plaifant ce qui doit être fublime ; et ajoutant à cela des prix pour tous les gen-res d'études ; & que tous les jeunes gens trou-vent , dans l'école nationale , tous les moyens d'étude néceffaires pour remplir le but du con-cours ; que les jugemens foient motivés & foumis à la cenfure publique ; qu'il y ait une expofition générale dans laquelle tous les ar-tiftes indiftinctement aient droit d'expofer leurs ouvrages ; que tous les travaux publics foient donnés en concours, & qu'il n'y eût d'autre ligne de démarcation que celle des talens; on auroit alors l'organisation la plus propre à perfectionner les arts.

SECTION SIXIEME.

Concours.

Il y a deux espèces de concours : les concours d'émulation, & ceux relatifs aux travaux publics.

Les premiers tendent à favoriser le développement du génie , en lui procurant de fréquentes occasions de l'exercer. Ils forcent pour ainsi dire l'amour-propre à se mettre en activité, ce qui développe les facultés morales & physiques de l'homme , & lui fait acquérir les vertus & les talens qui le rendent propre à la société, pour laquelle la nature l'a formé.

Les seconds sont indispensables pour mettre ceux des citoyens qui cultivent les arts , à portée de jouir du droit qu'ils ont de prétendre aux travaux publics, en raison de leur capacité & de leurs talens.

SECTION SEPTIEME.

Exposition générale.

La comparaison est la pierre de touche du talent des artistes.

C'est donc par l'exposition générale seulement qu'on peut parvenir à connoître quels sont les plus habiles d'entre eux.

Les artistes privilégiés, qui jusqu'ici avoient seuls le droit d'exposer leurs ouvrages, font

tous leurs efforts pour faire croire que des ex-
politions générales feroient contraires aux progrès des arts ; ils fe complaifent fur-tout à fup-
pofer que dans les *expofitions générales*, on
verroit fouvent l'affemblage le plus bizarre de
tout ce que l'efprit peut enfanter de plus trivial
& de grotefque, réuni aux ouvrages fublimes
des plus habiles artiftes ; d'où ils concluent
qu'il faut une ligne de démarcation, & point
d'expofition générale.

Ils fe réfervent auffi le droit exclufif de juger
quels font ceux, parmi leurs concitoyens qui
cultivent les arts, qui peuvent être admis dans
le cercle des élus.

Quant aux expofitions, ils conviennent
que les artiftes non privilégiés ont le droit d'en
former (1), pourvu que ce ne foit ni dans
le même temps ni dans le même endroit où
ils feront les leurs.

Ils fe réfervent auffi le droit de concourir
feuls aux travaux publics, de juger, feuls auffi,
leurs projets ; tout cela, difent-ils, pour le
plus grand progrès des arts. (Leur intérêt
pourroit bien y avoir quelque part.) Et en
effet, ou ils font habiles, ou ils ne le font
pas : s'ils font habiles, pourquoi craindroient-ils
les expofitions générales ? La médiocrité fait
briller le génie. La lumiere des flambeaux
obfcurcit-elle jamais celle du foleil ? Qu'ils
conviennent plutôt, que la plupart des artiftes
privilégiés, dont la médiocrité fe cache fous

---

(1) Encore n'eft-ce que depuis la révolution que ces
meffieurs veulent bien ne plus les empêcher.

le manteau des titres académiques, craignent d'être appréciés à leur juste valeur dans une exposition générale, & d'être effacés par des artistes qui, faute d'*exposition générale*, sont restés inconnus.

SECTION HUITIEME.

Jugemens.

Les jugemens sont d'autant plus importans, qu'ils décident souvent du sort des artistes, & toujours des progrès ou de la décadence des arts.

Un jeune homme montre un goût décidé pour la peinture, mais ses parens sont sans fortune. Cependant l'amour paternel l'emporte : le père du jeune homme fait des sacrifices, le jeune artiste en profite & fait des progrès rapides ; enfin le voilà admis au concours. Son père fait un dernier effort pour lui procurer les moyens de réussir ; il réussit en effet ; ses camarades même le félicitent ; plusieurs professeurs lui font des complimens. Le père alors oublie sa gêne, pour se livrer au doux espoir de voir couronner son fils : mais le malheur veut que parmi les concurrens, il se trouve un protégé à qui on donne le prix. Ce jugement plonge toute la famille dans la douleur, & comdamne un artiste à la médiocrité, parce qu'il le met dans l'impuissance de continuer ses études.

On vient de voir de quelle manière les jugemens peuvent influer sur les artistes. On va voir maintenant comment ils influent sur les progrès ou sur la décadence des arts.

Dans un nouveau concours, deux jeunes artiftes fe diftinguent de leurs concurrens de la manière la plus frappante : l'un pénétré, de fon fujet, parvient à faire un tableau d'hiftoire qui réunit une compofition heureufe, un effet piquant & des tons harmonieux, une panto-mime intelligible, une fcène exacte, des expref-fions juftes ; enfin on y reconnoît les mœurs, les ufages & le coftume des nations dans l'hif-toire desquelles on a choifi le fujet. L'autre, croyant qu'il fuffit de plaire à l'œil, a tra-vaillé en conféquence ; fon tableau eft un rêve de tableau, mais un rêve charmant, joliment peint, joliment agencé, touché avec efprit, tel que malgré le bout d'oreille qui perce de toutes parts, il féduit au premier coup-d'œil, & rem-porte le prix, parce que les juges n'ont point motivé leur jugement : s'ils l'euffent motivé, ils fe feroient apperçus que le premier tableau rempliffoit la donnée du concours, qui étoit de faire un tableau d'hiftoire, & que l'autre n'étoit qu'un joli tableau, ce qui eft bien différent.

Il réfulte d'un tel jugement, que les jeunes artiftes fuivent néceffairement la route des fuc-cès, & quittent celle des principes, qui eft la plus pénible à la vérité, mais auffi la feule qui mene aux vrais talens. Il s'enfuit de là, que les arts tombent en décadence ; ce qui eft ar-rivé deux fois à l'école françaife, la première du tems de *Lemoine*, la feconde du tems de *Bou-cher* (1). Ce qui prouve que le jugement par

____

(1) Ce qui eft arrivé à tous les arts qui ont le deffin pour bafe.

crutin est vicieux, c'est qu'il favorise l'injustice
& l'ignorance. Or il est essentiel que les jugemens soient motivés , & que les concurrens
soient tenus de donner par écrit les raisons qui
les ont déterminés à employer tel ou tel mode
de composition , d'effet, nuance d'expressions ,
enfin tel ou tel genre d'exécution ; car c'est
par là seulement qu'on peut juger si le talent
des artistes est fondé en principes, ou s'il n'a
qu'une routine d'exécution.

SECTION NEUVIEME.

Récompenses.

Les récompenses ont l'influence la plus mar-
quée sur les arts, & les efforts que font ceux
qui les cultivent sont toujours en raison de
l'estime qu'ils ont pour les récompenses qu'on
leur décerne. Il est donc essentiel que celles
qu'on leur destine soient plus propres à leur
élever l'âme qu'à leur donner le goût des richesses.

Or les plus dignes des artistes , sont celles
qui les mettent à portée de déployer leur
énergie & leurs talens.

SECTION DIXIEME.

De la propriété des artistes.

La propriété du génie &des talens est fondée
sur les mêmes bases que la propriété territoriale. Avant la formation des sociétés, l'homme
naissoit propriétaire de toute la terre; par-tout

où il portoit ſes pas, il pouvoit dire : Ceci eſt
à moi ; mais comme chaque homme avoit le
même droit, il réſultoit qu'il étoit maître de
tout, & qu'il ne poſſédoit rien : car un homme
trouvoit-il un lieu propre à lui fournir ſes
beſoins, il s'y établiſſoit d'abord ; mais à peine
commençoit-il à en jouir, qu'un autre, frappé
comme lui des avantages que réuniſſoit ce
lieu, vouloit auſſi s'y établir ; et comme ils
avoient tous deux le même droit, la force ter-
minoit le procès. Enfin, las d'une jouiſſance
auſſi épineuſe, les hommes convinrent entre
eux de renoncer à la propriété générale, pour
jouir paiſiblement d'une portion ſuffiſante pour
pouvoir ſubvenir à leurs beſoins. Ainſi, ils arrê-
tèrent que celui qui découvriroit le premier
lieu propre à s'y établir, en feroit reconnu
propriétaire, & que ſi quelque autre vouloit l'en
chaſſer, tous se réuniroient pour punir celui qui
auroit voulu dépoſſéder le premier occupant.
Telle eſt la baſe fondamentale de toute propriété. Nous marchons à grands pas pour arri-
ver au terme où les hommes ſentirent qu'il
falloit qu'ils fiſſent encore le ſacrifice d'une partie
du droit qu'ils avoient de déployer à leur profit
toutes les reſſources de leurs facultés morales
& phyſiques. Ils firent donc une nouvelle con-
vention, par laquelle celui qui découvriroit
dans les choſes un nouveau rapport, ſoit
utile, ſoit agréable, bien qu'il l'eût puiſé dans
le patrimoine de tous, je veux dire la nature, ſeroit reconnu inventeur & propriétaire
de ſa découverte. Telle eſt la baſe & l'origine de la propriété du génie. On voit qu'elle

eſt

est absolument la même que celle de la propriété territoriale : mais, comme on l'a dit plus haut, les hommes ont senti la nécessité de céder mutuellement une partie de leurs droits, pour jouir paisiblement du reste ; & c'est cette cession qui fait la base de toute société; d'où il suit que, voler les idées d'un artiste, ou moissonner dans le champ du voisin, c'est absolument la même chose ; mais il est plus difficile peut-être de constater le délit du plagiaire, que celui du moissonneur fripon.

SECTION ONZIEME.

Des moyens de conserver la propriété des artistes.

Pour assurer aux artistes la propriété de leurs idées, on pourroit employer le moyen de l'exposition. Un artiste qui auroit fait une exquisse heureuse, dans laquelle il y auroit de grandes idées, l'exposeroit dans le muséum, & prendroit acte de l'exposition : par-là, il seroit impossible à un autre artiste de s'approprier ses idées. Il en seroit de même pour les sculpteurs, ciseleurs, graveurs ; il y auroit dans l'école nationale des beaux-arts, un registre sur lequel on inscriroit la description des ouvrages de peinture, sculpture, architecture & gravure, lequel registre seroit rendu public, pour qu'on ne puisse en prétendre cause d'ignorance. Par-là, on empêcheroit les frélons de manger le miel des abeilles laborieuses.

B

SECTION DOUZIEME.

De la police des arts.

Les arts influent puiſſamment en bien ou en mal ſur les mœurs : or, l'artiſte qui pouvant donner des leçons de vertu , ſeroit aſſez pervers pour employer ſes talens à peindre les expreſſions laſcives de la volupté , & les poſtures indécentes du libertinage & de la lubricité , ſeroit chaſſé de l'aſſemblée générale des artiſtes, comme une peſte publique , & l'aſſemblée feroit une pétition tendante à ce que , sans violer l'asyle du citoyen, la police empêchât les marchands d'expoſer publiquement ces ouvrages infâmes , dont les yeux de l'innocence & de la ſageſſe ſont pollués, pour ainſi-dire, à chaque pas, dans les rues & places publiques. Voilà à quoi doit ſe réduire la police des arts.

Des monumens publics.

Les monumens publics portent toujours l'empreinte du génie national des peuples qui les érigent : chez les nations ſans conſtitution , les peuples ſont ſans caractère , & les monumens ſans phyſionomie.

Comme la poſterité , le ſage étranger qui voyage, interroge les monumens ; par leur inſpection ſeule, il juge de la forme du gouvernement, du caractère, des mœurs, des uſages , des vertus, des vices & des talens , des

différens peuples ; car la distance des lieux
équivaut à l'éloignement des temps. Parcourt-
il des campagnes mal cultivées , dans lesquelles
il ne rencontre que de misérables chaumieres ,
des châteaux dont les fortifications tombent
en ruine, des habitans couverts de lambeaux ,
le visage pâle & décharné, ayant à peine la
force de supporter les travaux de l'agriculture ;
il présume que jadis, l'autorité divisée entre
plusieurs , est maintenant réunie entre les mains
d'un seul, & qu'une capitale immense englou-
tit toutes les richesses : il presse sa marche , &
verse des larmes de pitié sur cette terre malheu-
reuse , que des infortunés fécondent au profit
de leurs cruels oppresseurs. Arrivé dans la capitale , ses yeux sont choqués du grotesque af-
semblage des édifices ; le palais des rois envi-
ronné de masures & d'échoppes , & tous les
monumens publics n'ayant d'autre caractère
que celui de la plus basse flatterie ; les habitans ,
chamarrés de toutes les couleurs, lui présentent
tour-à-tour l'image de l'opulence qui regorge
de superfluités , & la misère la plus affreuse.
Il conclut que le gouvernement est arbitraire,
le peuple abruti & corrompu. Il fuit ; car
l'homme de bien peut-il rester parmi des pervers qu'il ne peut corriger, & des malheureux
qu'il ne peut secourir ? Soudain un nouveau
spectacle vient s'offrir à sa vue : des terres bien
cultivées , divisées par portions égales ; des
maisons simples , solides & commodes ; beaucoup de villes peu grandes, mais bien peuplées ;
des monumens publics , imposans & majes-
tueux ; des hommes vivant dans l'aisance , sans

ſuperfluité. Alors, le cœur plein de joie, il rend grace au ciel d'avoir conduit ſes pas chez un peuple libre. D'où il faut conclure que les monumens publics intéreſſant la gloire préſente & future des nations, elles doivent avoir la plus grande attention à ce que ceux qu'elles érigent ſoient parfaitement conformes à leur manière d'être. Il en ſuit auſſi qu'un point central des beaux-arts qui ont le deſſin pour baſe ſeroit non-ſeulement eſſentiel à leurs progrès, mais encore tendroit à ce que tous les monumens fuſſent conformes à leur génie.

En conſéquence, tous les monumens publics, tels qu'égliſes, palais de juſtice, maiſons-de-ville, écoles, hôpitaux, fontaines, ſtatues des grands-hommes, ponts, aqueducs, ports, & canaux de navigation &c. &c. doivent être donnés en concours, & les projets expoſés publiquement.

PLAN

D'une Ecole nationale des beaux-arts ayant le deſſin pour baſe , et l'imitation de la natur pour but.

TITRE PREMIER.

Principe de l'Art & Droits des Artiſtes.

La ſociété des artiſtes, conſidérant que le mépris des droits des artiſtes eſt la ſeule cauſe de l'état de médiocrité dans lequel languiſſent les arts, a cru devoir en expoſer les principes : en conſéquence, la ſociété déclare qu'elle regarde comme principes certains, ce qui ſuit.

1°. Les beaux-arts qui ont le deſſin pour baſe, ſont des langues univerſelles, dont les langues écrites ne ſont que les ſymboles.

2°. Le but des arts eſt l'imitation de la nature dans ce qu'elle offre de plus beau.

3°. Tout ouvrage des beaux-arts doit exprimer un ſentiment, ou peindre une action.

4°. Les arts ſont eſſentiellement utiles à l'homme, qui ſans eux ſeroit enſeveli dans l'ignorance la plus profonde.

5°. Les arts ſont libres, & doivent être exercés librement.

6°. Tous les artiſtes ſont égaux en droits.

7°. Il ne doit y avoir entre eux d'autre diſtinction que celle des talens.

8°. Tous les artiſtes doivent participer aux travaux publics, en raiſon de leur capacité & de leurs talens.

9°. Les produ&ions du génie ſont la propriété des artiſtes , & doivent être ſacrées & inviolables.

TITRE SECOND.

De la réunion des artiſtes.

ART. I. La réunion des artiſtes eſt eſſentielle aux progrès des arts.

ART. II. Pour parvenir à cette réunion, il faudroit qu'il n'y eût d'autre ligne de démarcation que celle des talens.

ART. III. Il y auroit une expoſition générale, où tout artiſte auroit droit d'expoſer ſes ouvrages.

ART. IV. Tous les ouvrages publics ſeroient donnés en concours.

ART. V. Il y auroit des aſſemblées générales , dans leſquelles on s'occuperoit de tout ce qui a rapport aux arts.

ART VI. Tout homme flétri par la loi, ne pourroit être reçu dans l'aſſemblée générale des artiſtes.

ART. VII. Le public auroit droit d'aſſiſter aux aſſemblées.

ART. VIII. Cette aſſemblée ſeroit préſidée par un de ſes membres.

ART. IX. Le préſident de l'aſſemblée des artiſtes , communiquera , ſans intermédiaire , avec le corps légiſlatif.

ART X. On ne pourroit voter dans l'assemblée générale des artistes, qu'à vingt ans, & lorsqu'on auroit exposé un ouvrage original.

ART. XI. Les élèves au-dessous de l'âge de vingt ans, auroient droit de présence & de réclamation dans l'assemblée.

TITRE TROISIEME.

Organisation d'une école nationale.

1°. Il y auroit une école nationale des beaux-arts qui ont le dessin pour base.

2°. Cette école seroit sous la protection de la nation, qui fourniroit les fonds nécessaires à son établissement & à son entretien.

3°. Il y auroit des professeurs pour tous les genres d'instruction.

TITRE QUATRIEME.

Instruction.

ART. I. Il seroit dressé un plan d'étude, dans lequel seroient développés,

1°. Les principes généraux & particuliers des beaux-arts, qui ont le dessin pour base.

2°. Les rapports & les différences que ces arts ont entre eux.

3°. On y traceroit la ligne de démarcation des différents genres de chaque art en particulier.

4°. On y détermineroit la signification des termes techniques.

5°. Enfin, les différens genres d'études de chaque art, feroient claſſés dans l'ordre le plus propre à en préſenter l'enſemble & les rapports.

ART. II. Les différens genres d'étude feroient,

1°. L'étude de la nature. 2°. L'étude des figures antiques. 3°. L'étude de l'expreſſion. 4°. L'anatomie comparée. 5°. L'architeⱡure civile et militaire. 6°. La coupe ou le trait. 7°. Toutes les parties de l'optique qui font indiſpenſables aux beaux-arts. 8°. L'hiſtoire. 9°. Les coſtumes. 10°. Les mathématiques.

ART. III. Les profeſſeurs feroient tenus de fe conformer au plan d'études qui feroit jugé le plus propre à faciliter l'inſtruⱡion des jeunes artiſtes ; & les leçons ne feroient & ne devroient être que les conféquences des principes que l'aſſemblée générale des artiſtes auroit reconnu les meilleurs poſſibles.

ART. IV. Les jeunes artiſtes recevroient gratuitement, dans l'école nationale des beaux-arts, tous les genres d'inſtruⱡion propres à les faire parvenir au plus haut degré de perfeⱡion dont chaque genre d'art eſt fufceptible.

V. Un muféum eſt eſſentiellement utile à une école des beaux-arts.

VI. Ce muféum contiendroit les ſtatues antiques & modernes, & les tableaux des différentes écoles qu'on pourroit y réunir. Les tableaux feroient claſſés de manière à pouvoir comparer les différentes écoles entre elles, & à faire connoître leurs différens âges & leurs progrès.

VII. Les ouvrages de fculpture, tant ancienne que moderne, feroient claffés dans le même ordre qu'il eft indiqué à l'article précédent.

VIII. Les artiftes feroient les analyfes des ouvrages, & ces analyfes feroient placées auprès de ces ouvrages.

IX. On joindroit à ces analyfes une note qui indiqueroit le temps où l'ouvrage a été fait, & l'âge qu'avoit l'artifte lorfqu'il le faifoit.

X. S'il fe trouvoit un fujet d'hiftoire traité par différens maîtres, ces différens ouvrages feroient analyfés & comparés entre eux.

XI. Les tableaux d'hiftoire ancienne & moderne, faits comparativement avec l'hiftoire françaife, feroient placés dans le muféum.

XII. On y placeroit de même les ouvrages de fculpture & de gravure, faits comparativement de l'hiftoire ancienne à l'hiftoire de France (1).

XIII. Il y auroit un cabinet de modèles de différens genres d'architecture, tant ancienne que moderne, & de tous les modes de conftruction des différens peuples; ce qui feroit connoître l'origine, les progrès & la décadence de l'art de bâtir.

XIV. Il y auroit une bibliothèque, dans laquelle feroient réunis les ouvrages de littérature qui ont du rapport avec les arts.

XV. Il y auroit un cabinet où feroient raffemblés les eftampes, les deffins & médailles de tous les âges, ainfi que les ouvrages

---

(1) On n'entend parler que des ouvrages qui feroient ordonnés par la nation.

antiques, de quelque nature qu'ils fuſſent; ce qui pourroit éclairer ſur les uſages des différens peuples.

XVI. On raſſembleroit auſſi les armes, les coſtumes, les inſtrumens d'agriculture, de navigation & de muſique, les meubles & vaſes ſervants aux cultes & uſages des peuples tant anciens que modernes.

XVII. Le muſéum feroit ſous la direction des artiſtes; il ſeroit journellement ouvert à tout le monde, & chacun pourroit y deſſiner, peindre ou modeler, ſuivant qu'il le jugeroit à propos.

TITRE CINQUIEME

DES CONCOURS.

Concours d'émulation.

ART. I. Il y auroit des prix pour tous les genres d'études.

II. Il y auroit en outre ſix grands prix, pour les peintres d'hiſtoire, de payſages, de marine, & pour les ſculpteurs, architectes & graveurs.

III. Nul ne pourroit y concourir s'il n'étoit né ou naturaliſé Françaïs.

IV. L'Aſſemblée générale des artiſtes donneroit aux peintres d'hiſtoire & aux ſculpteurs, des ſujets hiſtoriques dont ils feroient des tableaux & bas-reliefs aux peintres de payſage & de marine, des ſcènes rurales & maritimes; aux architectes, des programmes de monumens publics, dont ils feroient les plans, coupes & élévations; aux graveurs, un ſujet d'hiſtoire à compoſer, & dont ils feroient un deſſin fini.

auquel ils joindroient une estampe gravé epar eux.

V. Tous les prix d'émulation relatifs à l'instruction ne pourroient être remportés qu'une fois.

VI. Il seroit fourni gratuitement aux concurrens tous les moyens d'études nécessaires, même ceux de subsistance.

VII. Nul ne pourroit employer d'autres moyens d'études que ceux qui leurs seroient fournis, sous peine d'être mis hors de concours.

VIII. Les commissaires nommés par l'assemblée générale donneroient les programmes les plus propres à développer les différentes parties de chaque art.

Concours pour les monumens publics.

Les monumens publics seroient donnés en concours de la manière suivante :

ART. I. Les programmes des monumens publics seroient donnés par des commissaires nommés par l'assemblée nationale, & pris parmi ses membres : on y joindroit un pareil nombre d'artistes nommés par l'assemblée générale des artistes, & pris dans son sein.

ART. II. Les ouvrages de concours seroient exposés en public, avant & après le jugement: ils seroient analysés & jugés, ainsi qu'il sera dit au titre des jugemens.

TITRE SIXIEME.

Des Jugemens.

Jugemens des ouvrages de concours relatifs à l'instruction.

ART. I. Les jugemens motivés sont le dé-

veloppement & l'application des principes, &
en conséquence les ouvrages de concours seroient
exposés publiquement avant & après le jugement.

Art. II. Les ouvrages de concours relatifs
aux différens genres d'études, excepté les grands
prix, seroient jugés par ceux des jeunes artistes
qui auroient emporté des prix de ce genre.

Art. III. Les analyses faites par les jeunes
artistes, seroient examinées par les professeurs,
qui en feroient une censure motivée, laquelle
serviroit à rectifier ou à sanctionner le jugement
des jeunes artistes.

Jugemens des grands prix, & concours d'émula-
tion entre les artistes.

On procéderoit aux jugemens de la manière
suivante :

1º. Les pairs (1) de chaque art se réuniroient
& nommeroient entre eux, par la voie du scrutin
des commissaires, dans la proportion d'un sur
quatre.

2º. Les commissaires seroient chargés de faire
conjointement l'analyse de chacun des ouvrages
en concours.

3º. Les analyses faites, seroient remises au
président de l'Assemblée générale des artistes.

4º. Les analyses seroient lues dans l'assemblée
générale, en présence du public.

5º. Les pairs seuls auroient le droit de discu-
ter les analyses d'après les principes.

______

(1) Nous entendons par pairs, les artistes du même genre
que ceux dont on juge les ouvrages.

6°. Si le résultat des discussions étoit contraire aux analyses, les pairs nommeroient entre eux, des commissaires en aussi grand nombre qu'ils jugeroient nécessaire, lesquels se réuniroient & motiveroient les opinions des pairs.

7°. Les opinions des pairs motivées, seroient, ainsi que les analyses, soumises à la censure publique pendant un mois, pour que tous ceux des artistes & tous autres citoyens qui n'auroient pas droit à la confection ni à la discussion des analyses puissent avoir le temps de faire des réclamations motivées sur les analyses & sur les opinions qui leur seroient contraires.

ART. II. Si dans l'espace de tems accordé à la censure, il n'y avoit point de réclamations en faveur des analyses contre les opinions, le résultat des opinions deviendroit jugement définitif.

ART. III. S'il y avoit des réclamations qui ne fussent ni pour les analyses, ni pour les opinions, mais qui infirmeroient les unes & les autres, les réclamations deviendroient un nouveau jugement, qui seroit également soumis à la censure publique, & deviendroit jugement définitif, dans le cas où le tems accordé à la censure se passeroit sans qu'il y eût de nouvelles réclamations motivées : s'il y en avoit, on continueroit jusqu'à ce qu'il n'y en eût plus.

Pour les jugemens des monumens publics, on procéderoit comme il suit :

Les projets seroient exposés publiquement, & jugés par analyse, par des commissaires nommés par l'Assemblée nationale, & pris dans son sein, auxquels on adjoindroit un même nombre de commissaires artistes nommés par l'affemblée générale des artiftes , qui feroient conjointement l'analyfe des différens projets; lefquelles analyfes feroient foumifes à la cenfure publique, jufqu'à ce qu'il n'y ait plus de réclamations motivées : alors l'Affemblée nationale fanctionneroit le jugement; car à la nation feulement appartient le droit de juger définitivement.

TITRE SEPTIEME.

Des Elections.

Dans les élections, il faut tâcher de faire échouer les cabales , & de rendre juftice au mérite.

Art. I. Les profeffeurs feroient choifis parmi les artiftes qui fe feroient le plus diftingués aux expofitions générales.

II. Les profeffeurs feroient renouvellés tous les ans.

III. Les profeffeurs pour les fciences qui ont rapport aux beaux-arts , feroient choifis au concours par des commiffaires nommés par l'affemblée générale des artiftes, & pris dans fon fein.

IV. On adjoindroit à ces commiffaires un pareil nombre des pairs des concurrens.

V. Les profeffeurs d'hiftoire , de coftume , d'anatomie , d'optique , de mathématiques , d'architecture & de chimie , choifis au concours, par l'affemblée générale des artiftes , refteroient en place pendant trois ans , au bout duquel temps , ils pourroient être reélus , dans le cas où ils fe diftingueroient dans un nouveau concours.

VI. A mérite égal, on préféreroit ceux des concurrens qui feroient les plus verfés dans l'art du deffin.

VII. Si leurs connoiffances dans l'art du deffin étoient également étendues , le préfident leur demanderoit de faire, de vive-voix , l'application des principes à un cas particulier; & celui des deux qui le feroit avec plus de clarté & d'énergie , auroit la préférence.

S'ils reftoient encore en égalité , ce feroit le plus ancien d'âge qui feroit admis.

VIII. S'il y avoit égalité d'âge, le fort décideroit entre eux.

IX. Le préfident, les fecrétaires , le tréforier, feroient élus par fcrutin de lifte double, & à la majorité abfolue.

TITRE HUITIEME.

Récompenfes.

ART. I. Ceux qui auroient remporté les grands prix, auroient 3000 liv. pendant cinq ans pour voyager, fuivant qu'ils le jugeroient convenable à leur avancement.

II. Ces artiftes feroient tenus d'envoyer annuellement un ouvrage felon leur genre, dont le cours du tranfport feroit aux frais de la nation.

III. Les artiftes qui fe feroient le plus diftingués dans les expofitions publiques, chacun dans leur genre, recevroient une couronne d'olivier des mains du préfident de l'affemblée nationale , le jour du 14 juillet, & feroient placés au premier rang des places deftinées aux artiftes, parmi ceux des citoyens qui auroient bien mérité de la patrie.

IV. Ceux des citoyens qui auroient remporté les grands prix, recevroient aussi, le même jour, une médaille de bronze des mains du président de l'Assemblée nationale, & seroient placés au-dessous des artistes couronnés.

V. Il seroit distribué chaque année un certain nombre de tableaux d'histoire, dont la moitié des sujets seroit puisée dans l'histoire grecque, romaine, ou dans toute autre histoire ancienne & moderne, & l'autre moitié seroit choisie dans l'histoire de France.

VI. Il seroit distribué de la même maniere, un certain nombre de tableaux de paysages & de marines.

VII. Il seroit également distribué un certain nombre de statues, groupes & bas-reliefs, dont la moitié du nombre seroit destinée à représenter des grands hommes grecs, romains, ou d'autres peuples anciens ou modernes, & l'autre moitié destinée à représenter de grands hommes français.

VIII. Il seroit donné aux architectes un certain nombre de programmes ou modèles de monumens, dont ils feroient les plans, coupes & élévations, en y joignant les devis, détails & estimations, suivant les circonstances.

IX. Chacun des artistes qui, au jugement de l'assemblée générale, auroit fait le meilleur ouvrage, auroit le droit de choisir le sujet qu'il croiroit le plus propre à exercer son génie & ses talens ; & cet ouvrage lui seroit payé le double de l'ouvrage sur lequel il auroit remporté le prix.

X.

X. Il feroit auffi donné chaque année, deux planches à graver à ceux des graveurs qui fe feroient diftingués dans l'expofition générale, & celui qui auroit fait la plus belle gravure auroit le double.

XI. Il feroit diftribué à ceux des graveurs en médailles qui fe feroient diftingués aux expofitions, quelques-uns des traits qui caractérifent la révolution, dont ils graveroient les coins; & celui qui auroit fait la plus belle médaille auroit le double du prix qui feroit payé aux autres.

XII. Tous les ouvrages feroient jugés comme il a été dit au titre des jugemens, & les analyfes feroient infcrites fur un regiftre qui auroit pour titre : *Faftes des beaux-arts qui ont le deffin pour bafe.*

TITRE NEUVIEME.

De la propriété des artiftes.

ART. I. La propriété du génie confifte dans la découverte des nouveaux rapports qui exiftent entre les chofes, foit utiles, foit agréables, ou dans les nouvelles applications des rapports déja connus.

II. La propriété des artiftes eft fondée fur la même bafe que la propriété territoriale.

III. La loi doit conferver aux artiftes la jouiffance des avantages qui peuvent réfulter de la fupériorité de leur génie & de leurs talens.

IV. Nul ne pourra s'approprier les penfées des artiftes en général, furmouler les modèles des fculpteurs & des cifeleurs, ni copier, ni faire copier lefdits modèles ou planches des graveurs, fans en avoir la permiffion expreffe & fignée des artistes, fous peine d'être punis comme réfractaires aux lois de la propriété.

V. Tous artiftes qui voudront conferver la propriété de leur idées, les expoferont dans l'école nationale des beaux-arts qui ont le deffin pour base, & prendront acte de l'expofition.

VI. Les fculpteurs, cifeleurs, graveurs, qui voudront conferver la propriété de leurs modèles ou gravures, les expoferont comme il eft dit dans l'article précédent.

VII. Tous artiftes ou particuliers qui s'approprieroient les penfées des artiftes, qui furmouleroient, copieroient ou feroient copier les modèles ou les gravures, feroient condamnés à payer aux arftiftes une fomme proportionnée aux dommages qu'ils leur auroient caufés ; ce qui feroit arbitré par l'affemblée générale des artiftes ; & les creux, copies des modèles & planches de contrefaçon feroient brifées, & les épreuves brûlées.

Quant aux fonds néceffaires à l'établiffement de l'école des beaux-arts, & du muféum national, il n'appartient qu'aux légiflateurs de déterminer les fommes que la nation peut & doit accorder.

GARNEREY, préfident.

OLLIVIER, fecrétaire.

De l'imprimerie de LAILLET, place du marché-neuf, n° 46.